こんにちは！
リトミック

坂本真理子●著

御上梓に寄せて

　NHKの学校放送「ストレッチマン」の電波を通して全国の子供たちをわくわくさせた数々の佳曲が、このたび一冊にまとめられて世に出る運びとなったことは、本当に喜ばしい限りです。作曲された坂本真理子さんは、砂漠の中でたどり着いたオアシスのようなリトミック・スタジオ「子供の庭」を主宰する傍ら、大阪まで出向いて番組の企画に真摯に携わってこられました。そこで実った果実は、放送とは一味違う形で、心ある音楽教師を再び魅了することでしょう。いかにも坂本さんらしい柔軟な発想、才気あふれる音楽、表情豊かな語りかけが三原色のように混ざり合って、教育の現場を彩るに違いありません。

2003年7月吉日

国立音楽大学教授　江崎正剛
（全日本リトミック音楽教育研究会会長）

はじめに

　1999年〜2001年、NHK学校放送「ストレッチマン」の番組制作に関わる機会を頂き、リトミックのコーナーを担当しました。「こんにちは！リトミック」の中に収められている23曲は、その番組の中から生まれた曲です。初版は2003年オブラパブリケーションより発行となり、それから14年の間、様々な教育現場で、たくさんの子どもたちや指導者のみなさんに支えられ、親しまれてきました。

　みなさんの楽しんでいる姿を、想像をするだけでもわくわくしてくる自分がなんて幸せだろうと思わずにはおられません。そして、このたび、株式会社スタイルノートより、再版されることとなりました。これまで本書を使ってきた経験から、伴奏を演奏し易くしたり、解説を分かり易くするなど、数箇所、修正を加えました。

　これを機に、さらに多くの方々にリトミックの楽しさを感じていただけることを願っています。

2018年11月

坂本真理子

著者 Profile

坂本 真理子（さかもと まりこ）

国立音楽大学教育音楽学科Ⅱ類（リトミック専攻）卒業。リトミック音楽教室「子供の庭」主宰。1999年〜2001年NHK教育テレビ（学校放送「ストレッチマン」）でリトミックを担当、作詞作曲、番組制作委員を務める。昭和音楽大学附属リトミック教室主任、国立音楽大学附属中学校、高等学校の講師、国立音楽大学夏期講習会ワークショップ講師、長野市芸術館主催リトミック講座講師、を経て、現在、全日本リトミック音楽教育研究会常任理事、本部指導講師。NHK文化センター「教師のためのリトミック」講座講師。その他、ラ・フォル・ジュルネ「熱狂の日」音楽祭キッズプログラム、坂本真理子作品チャリティコンサートなどを経て、2018年11月、長野市芸術館リサイタルホールにて、芸術館主催の「子どものためのリトミック・コンサート」を開催。
著書　『こんにちは！リトミック』『こんにちは！リトミック　さあ はじめよう』（スタイルノート）
　　　『小学校英語アクティビティ』（共著）（オブラ・パブリケーション）

も・く・じ

●御上梓に寄せて・はじめに
●本書の使い方

section 1 ウォーミングアップ

6	こんにちは　こんにちは
9	くっつきむし
10	くしゃみおばけ
12	うがいのうた
14	ふうせんが　ふくらんだ

section 2 体を使ってあそぼう

18	ブロックつもう
20	ゴロゴロ　ジンジンジン
24	とけるものなあに
27	とんぼとり
30	はさんでパチパチ　せんたくばさみ
32	なんでもぺったん
34	やまのおくの　またおくに

section 3 道具を使ってあそぼう

38	[新聞紙]	しんぶんし　ビリッ
40	[新聞紙]	しんぶんしのロック
42	[新聞紙]	グシャグシャ　サンバ
45	[布]	つつんでみよう
48	[布]	マントであ・そ・ぼ
51	[ポリ袋]	とばそう　バルーン
55	[ボール]	もしかボールが
57	[ロープ]	ロープのでんしゃ
61	[スカーフ]	くらげのこもりうた

section 4 想像してあそぼう

64	うみのそこ
66	海賊
69	にんじゃとかいぞく
74	ふしぎな箱

section 5 楽器であそぼう

78	マラカス　チャチャチャ
80	なんでもがっき ―ディビ・ディビ・ワトゥトゥー
83	たたいて　あそぼう
86	かねをならそう ―リングベル―

本書の使い方

本書に収められている曲は、「子どものリトミック」や「障害を持つ子どものグループ音楽療法」のために作曲したものですが、子ども会や親子の集い、幼稚園や保育園の音楽集会等でもお使いいただけます。また、曲によっては、お年寄りの方々にもレクリエーションで楽しんでいただけるのではないかと思います。

リトミックの指導者・レクリエーションのリーダーの方へ

遊び方について

①楽譜上にある「　」の言葉は、次の動作へのきっかけとなる"声かけ"です。本文中に、"指導者（リーダー）"とある場合、レクリエーションではリーダーの方が声かけ等を行ってください。

②活動をスムーズに進めるためにも、動機づけや導入を大切に行いましょう。

③"section 3　道具を使ってあそぼう"の新聞紙をテーマにした曲のように、音楽を行うときは直接道具を使わない曲もあります。活動の動機づけや導入で道具を使ってたくさん遊び、イメージや印象をしっかり心と体に刻んでから音楽へ発展させましょう。

④1つの曲から、なるべく多くの遊び方を考えることは大切です。曲によってはストーリー性を持たせる等、想像的に発展させてみるのも楽しいでしょう。

演奏について

①楽譜には、♩＝（　）位という書き方で楽曲の速さを示しましたが、子どもがいちばん自然で無理のないテンポを選んで演奏してください。

②演奏の仕方は楽譜どおりでなくても、余裕を持って演奏できるように、自分の弾きやすいように変えて結構です。たとえば、伴奏の左手の1オクターブが弾きにくい場合には、単音にしてもよいでしょう。また、コードネームを参考にして、和音の音を省略することも可能です。

③演奏の組み立て（順番）は、楽譜上にABCなどの記号が示されていますので、参加者や目的に合わせて、繰り返しや省略の仕方を工夫してください。

④音楽・活動に関しては、いつも音楽的であることを忘れないように心がけましょう。楽譜から目を離し、子どもの動きを見ながら演奏できるようになることが理想的です。

section 1

ウォーミングアップ

section 1 ウォーミングアップ
こんにちは こんにちは

- 手をつなぎ、元気な仲間の顔を見ると心がほっとしますね。歌ったり、動いたりしながら子どもの緊張をほぐし、リラックスできるようにしていきます。
- グループ音楽療法や集会などのオープニングに使って、楽しく盛り上げましょう。

作詞・作曲　坂本真理子

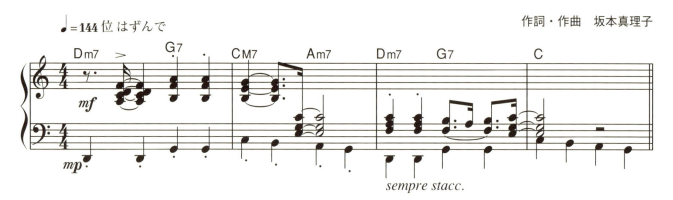

こん に ちー は　みー んな　こん に ち は

こん に ちー は　みー んな　いっしょにあそぼう ー

© 2001 by Japan Broadcast Publishing Co., Ltd.

●こんにちは こんにちは

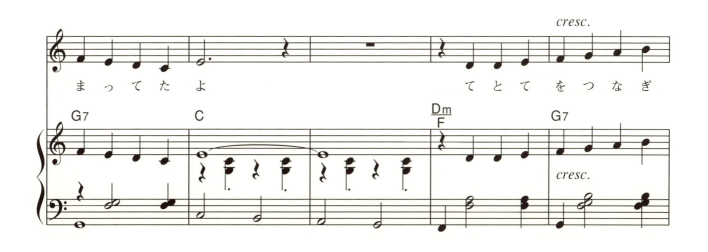

こんにちは こんにちは

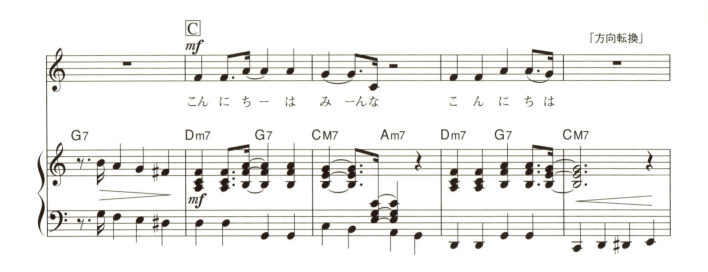

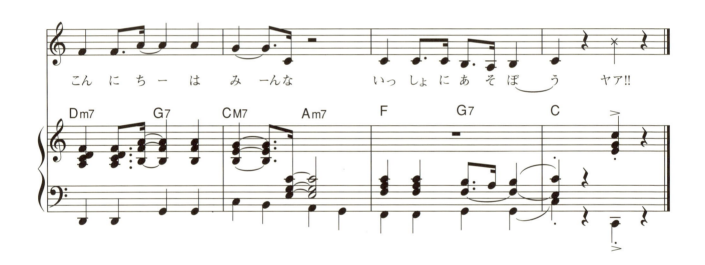

あそびかた

1 Ａでは、手をつないで輪になり、弾むように歩きます。4小節目で方向転換しましょう。

2 Ｂでは、「きょうはあえてよかったね」のフレーズで輪の中央に向かって集まっていき、「みんなまってたよ」のフレーズで元の位置に戻ります。
「てとてをつなぎあーって」のフレーズでは、つないだ手を音楽に合わせて揺らします。「たのしいこといっぱい　みつけよう」のフレーズでは、次のジャンプの準備をします。リズムにのってドキドキしながら、ジャンプするタイミングを待ちましょう。
「ヤァ！！」のところでは、みんなで呼吸を合わせてジャンプします。

3 Ｃでは、**1** を繰り返します。最後の「いっしょにあそぼう」で動きを止め、「ヤァ！！」で気持ちをひとつにして声を出し、エネルギーを発散させましょう。

section 1　ウォーミングアップ

くっつきむし

ねらい

- 指導者（リーダー）の歌に反応して、体のいろいろな部分を床につけ、動作を加えて遊びます。動きを模倣する安心感と、次々に体形が変わるおもしろさで、自然に動くことへの興味が引き出されます。
- 体の部位に対する認識を深めます。歌の最後のフレーズでは、子どもの意識を内→外へ向けさせるように導きます。

Ⓒ作詞・作曲　坂本真理子

くっつきむしは（おしり）　くっつきむしは（おなか）

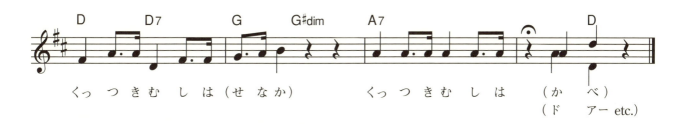

くっつきむしは（せなか）　くっつきむしは（かべ）
（ドアー etc.）

あそびかた

1 指導者（リーダー）が歌った指示どおりに、体の部分を床につけ、動作も加えて遊びます。「くっつきむしは（　　）」のカッコ内をいろいろと変えてみましょう。
　例：「おしり」……床にお尻だけつけて、足を上げてお尻を支点にくるくる回る
　　　「おなか」……腹ばいになって、ピーターパンが空を飛んでいるように、手や足を床から少し浮かせてピーンと伸ばす
　　　「せなか」……仰向けになって、だんご虫のように手足をモゾモゾ動かす
　　　「つま先」……キリンになって背伸びをしながらつま先歩き
　　　「かかと」……ペンギン歩き
　　　「おひざ」……アヒル歩き

2 最後のフレーズでは、「くっつきむしは（かべ）」のように体の部位以外のものを指示します。また、カッコ内を「友達」や「先生」に変えるとスキンシップができ、和やかな雰囲気が作れます。

留意点　「くっつきむしは〜」と指示をする際は、「おしり→せなか」や「つま先→かかと」など、次の動作に移りやすい部位を選びましょう。極端に離れていると、動作がスムーズにできない場合があるので注意が必要です。

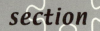

section 1

ウォーミングアップ

くしゃみおばけ

- 音楽のゲームで遊びながら、体全体で3拍子のリズムに乗れるようにしていきます。

Ⓒ 作詞・作曲　坂本真理子

●くしゃみおばけ

あそびかた

すわった姿勢で行うゲームです。始める前に「"くしゃみおばけ"って知ってる？"くしゃみおばけ"に風邪をうつされないように"ハクション！！"と聞こえたら、お尻をつけたままぐるっとまわってね」などと声かけをし、子どもたちのイメージをふくらませておきましょう。

1　「ハクション！！」のところでは、床にお尻をつけたまますばやくひとまわりします。

2　歌や動きに慣れてきたら、「ハクション！！」（♩ ♪ ♪）を「ジャンケンポン！！」（♫ ♩ ♪）に変えて遊びましょう。このとき、ジャンケンに負けた人はすわったまま1回まわり、"あいこ"のときは2人ともまわります。また、最後のジャンケンで負けたら2回まわるというように、徐々にペナルティを増やしていくと盛り上がります。歌を覚えたら、テンポを速くしていき、スリルを楽しみましょう。

section 1 ウォーミングアップ

うがいのうた

- 生活の中にあるおもしろい音を取り上げた歌です。うがいの動作で、♩♩のリズムと下行する音型を体で感じとれるようにします。
- いろいろな替え歌をつくり、子どもの自由な発想を引き出してみましょう。個性を認められることによって自信を持ち、意欲的に活動に参加できるようになります。

Ⓒ作詞・作曲　坂本真理子

●うがいのうた

あそびかた

1 「おとうさん」や「からす」をイメージして、うがいの動作をしながら「ア〰〰ペッ（♩ ♩ ♪）」、「カ〰〰ペッ」と歌います。

2 「おとうさん」と「からす」の歌詞を子どもに替えさせて、いろいろなうがいの音で歌ってみましょう。
　例：〈家族編〉……おかあさん、○○ちゃん　など
　　　〈動物編〉……ゴリラ、やぎさん　など

「からすのうがいはどんな音かな？」、「ゴリラは？」と問いかけて、みんなで想像しながら、やってみましょう。また、「誰がいちばんおもしろい声がだせるかな？」と、"うがいのど自慢大会"のようにしても楽しいですよ。

3 うがいをする人や動物のイメージに合わせて速度や強弱を変えて演奏しましょう。
　例：ぞう……ゆっくり、強く
　　　りす……少し速く、弱く

留意点 替え歌をする際は、子どもがうがいをイメージしにくいものを言っても、大いに驚いて誉めてください。そして、うがいの声を一緒に考えてあげましょう。空想の楽しさを知ることに意義があります。個性を大切にして、創造性の芽を育てていきましょう。

13

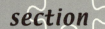

section 1　ウォーミングアップ

ふうせんが　ふくらんだ

- 風船がふくらんでいく動作を通して、「だんだん強く」や「だんだん大きく」の体験をします。
- 手をつなぎ小さな輪をつくって、友達や先生の顔・呼吸を間近に感じたり、子ども同士お互いの体を触れ合わせて心をほぐします。
- 風船がふくらんでいく緊張感と、「われちゃった！」という解放感を遊びの中で体験します。

その1　「われそうだ！」

Ⓒ作詞・作曲　坂本真理子

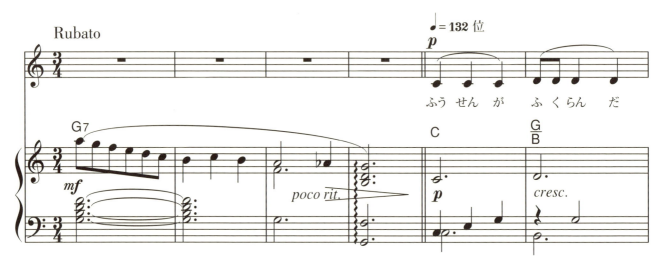

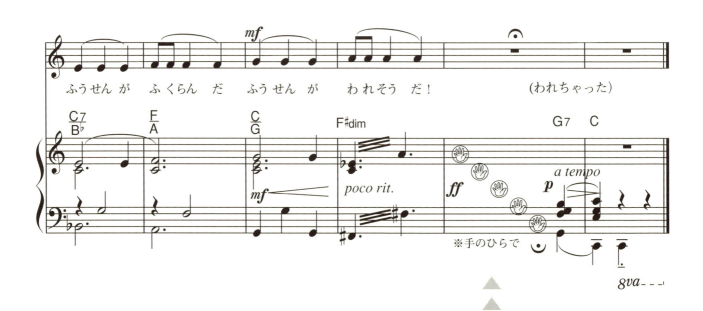

〈演奏のPoint〉……トーンクラスター

鍵盤上の音をかたまりとして扱い、手のひらや握りこぶしで音を出す奏法

● ふうせんが ふくらんだ

その2 「おおきいぞ」

Ⓒ作詞・作曲　坂本真理子

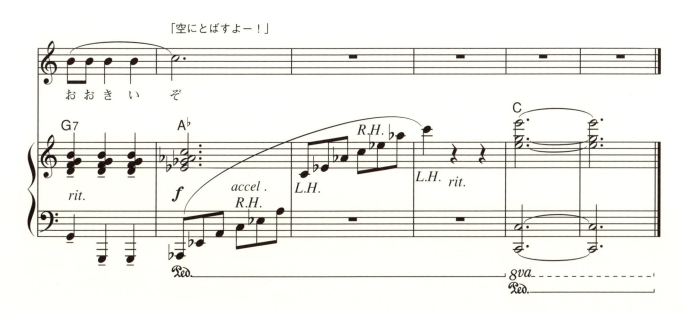

ふうせんが　ふくらんだ

 あそびかた

指導者は「風船が、いつわれるかな」と問いかけ、子どもたちのイメージをふくらませて、ドキドキする気持ちを盛り上げておきます。"にらめっこ"や"おしくらまんじゅう"で遊ぶときのようなドキドキ、ワクワクする気持ちを大切にして始めましょう。

1. 最初にみんなで手をつないで、小さな輪をつくって始めます。歌いながら、だんだん輪を大きくしていきます。呼吸を合わせて、「ふうせんが　ふくらんだ」と1歩ずつ後ろへ下がっていきましょう。

   小さい輪のときは、大きな声を出す子はいないでしょう。輪が大きくなるにつれてだんだん歌う声を大きくするようにしましょう。

2. その1『われそうだ！』では、早く風船を割りたいという子どもたちの心理が働いて、早いうちに手を離してしまいがちです。歌詞の中の「ふうせんが　われそうだ！」までは、手を離さないという簡単なルールを決めて、音楽を始めるとよいでしょう。
   最後のトーンクラスターのところでつないだ手をはなし、風船が割れる自由な表現をしましょう。

3. その2『おおきいぞ』では、「空にとばすよー！」と声かけをして、子どもたちは風船を飛ばす動作で手をはなします。
   また、風船になって飛んでいくイメージで、子どもたちを走らせるというのも楽しいでしょう。

section 2

体を使ってあそぼう

section 2　体を使ってあそぼう

ブロックつもう

● 指（*p*）・手のひら（*mp*）・げんこつ（*mf*）・パンチ（*f*）と動作を変化させながら、強弱の体験をしましょう。

作詞・作曲　坂本真理子

© 2001 by Japan Broadcast Publishing Co., Ltd.

ブロックつもう

※オクターブがつかみにくい場合は、上の音だけ弾く。

あそびかた

1 Ⓐ は、人差し指でブロックを作り、そーっと積み重ねるように手を上にあげていきます。（*p*）

2 Ⓑ は手のひら（*mp*）で、Ⓒ はげんこつ（*mf*）で積み上げる動作をします。

3 Ⓓ は、げんこつのパンチ（*f*）です。左右の腕を交互に前に突き出しながら、だんだん上にあげていきましょう。

4 Ⓔ では、ブロックがくずれるように、体の力をぬきます。（*dim.*）

5 もう一度、*1〜3* の動作を繰り返します。⊕ Coda では指導者（リーダー）の「くずれるー!!」「くずれちゃった!」の声かけに合わせて、ブロックになったつもりでくずれましょう。

section 2 ゴロゴロ ジンジンジン

体を使ってあそぼう

ねらい

- 前半は、貨物列車になってつながって歩くことで、拍（ビート）の感覚を育てます。後半は、野菜になって床の上をゴロゴロすることで、転がる姿勢や動きの体験をします。
- 音楽と動作をつなぎあわせる行動を通して、自分の体をうまくコントロールすることを身につけます。

作詞・作曲　坂本真理子

● ゴロゴロ ジンジンジン

あそびかた

1 Aは、みんなで列になってつながり、貨物列車になって音楽に合わせて歩きます。

2 Bは、歩くのをやめて、指導者（リーダー）の「信号！」という声かけで子どもたちに自由に信号のポーズをとらせましょう（タイミングは楽譜の 🧍 を参照）。
間奏の2小節では、床に転がる準備をします。

3 C・Dは、野菜になって床の上をゴロゴロと転がりましょう。

4 Aの前奏が聴こえたら転がるのをやめ、立ち上がります。「次の運転手さんはだあれ？」と声かけをし、先頭の子を交替させて *1*〜*3* を繰り返します。 ✛Coda では「しゅうてーん」と声かけして終わりを知らせます。

……………………………………………………………………………………

留意点　*1* では、先頭の人は、後ろの人のペースを考えながら歩くようにしましょう。
3 では、肢体の不自由な子どもで転がるのが大変な場合、野菜を転がす役目になって友達を転がしてあげるように、勧めてみましょう。

また、ABCDのくり返しは、子どもの反応によって自由に演奏しましょう。
ゴロゴロ部分を短くしたい場合は、Dを省略して演奏します。

例： A→B→C→A→B→C→A→B→✛Coda
　　　└─1回目─┘└─2回目─┘

23

section 2

体を使ってあそぼう

とけるものなあに

 ねらい

- 氷やアイス、ろうそくなどのとけるものをイメージして、だんだん力を抜いていくディミヌエンド（ ＞ ）の体験をします。
- 前半は輪になって動いたり、自由な方向へ走るなど後半部分とは対照的に動くことで、とける動作、ディミヌエンドに気持ちを集中させます。

作詞・作曲　坂本真理子

© 2001 by Japan Broadcast Publishing Co., Ltd.

とけるものなあに

あそびかた

1. Aは、手をつないで輪になります。歌詞の「とけるもので」では、輪の中心に向かって歩きます。「つめたいものなあに」では、手をつないだままで小走りに後ろへ下がります。もう一度これを繰り返します。

2. Bは、音楽に乗ってそれぞれ好きなところへ走っていきます。「なかま」では、近くにいる人と手を合わせ、リズム（♪♫ ♪）を打ちます。このとき、周りに相手がいない場合はひとりで手をたたきます。また、2人組をつくらずに、隣の人の肩を横からたたいたり、背中を後ろからたたくようにしてもよいでしょう。

3. Bの最後のところでは、指導者が「とけるものでつめたいものな～んだ？」と声かけします。子どもたちは動きを止めてみんなで答えを考え、その中の1つを決めて、みんなに知らせます。
   ほかにも、いろいろな"とけるもの"を考えて替え歌を作ってみましょう。

   例：ゆきだるま、バター、チョコレート　など

4. Cでは、3で決めたとけるものを歌います。そして音楽に合わせてとける様子をイメージしながら、だんだん体の力を抜いていきます。最後は全部とけてしまったように力を抜いて床の上に寝てしまいます。

   繰り返し行う場合は、間奏のあいだに起きあがって、1から始めます。

Section 2

体を使ってあそぼう

とんぼとり

ねらい

- "ハンカチ落とし"のように輪をつくってすわり、とんぼになる人を交替して遊ぶ音楽ゲームです。歌いながら手をたたいたり、とんぼになってスキップしたり、そっと歩くなどさまざまな動きの要素が含まれています。
- 目、耳と身体運動との協応性を高め、ひとりで輪の周りを自由に動く体験を通して、自立を促し創造性を育てます。

作詞・作曲　坂本真理子

© 2001 by Japan Broadcast Publishing Co., Ltd.

とんぼとり

あそびかた

みんなで輪になり、中央を向いてすわります。"とんぼ"になる人を１人決めて、とんぼ役の人が輪の外に立ってからはじめます。

1 Aは、とんぼ役の人が輪の外側をスキップして回り、すわっている人は音楽に合わせて手拍子をします。

2 Bは、とんぼ役の人は輪の外側をゆっくり歩いたり、気づかれないように忍び足で走ったり、進行方向を変えたりして、誰かの背後でとまります。とまった人と、とんぼ役を交替します。

とんぼ役を何回も交替したいときは、AとBを繰り返し演奏して遊んでください。
（その場合、CとDの演奏は省略することが可能です）
広い場所であれば、Bの最後の歌詞を「お部屋の壁にとまったよ」や「誰かの背中にとまったよ」などと替え歌にして、指導者が指示したところにみんなで、とんぼになってとまってみてもよいでしょう。

3 Cは、次のとんぼ役になった人は、輪の内側へ入り、中央にすわります。
「おおきなあみで　つかまえよう」……輪の人たちが立ち上がって手をつなぎ、
　　　　　　　　　　　　　　　　　大きく広がって虫とり網をつくります。
「そーっとあみを　ちかづけて」………輪の中にいるとんぼを捕まえるように
　　　　　　　　　　　　　　　　　手をつないだまま、輪を小さくしていきます。

4 グリッサンド（*gliss.*）を合図に網（輪）が破れます。Dでは輪の人もとんぼ役の人も自由な方向へスキップします。

続けてAに戻る場合は、間奏の間に輪をつくり直してとんぼ役を決めておきます。

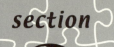

section 2

体を使ってあそぼう

はさんでパチパチ　せんたくばさみ

- 親指とほかの4本指をせんたくばさみのように、パチパチさせたり、みんなでつながって踊ります。
- 沖縄風のリズムや音楽に乗って自由に体を動かしましょう。

作詞・作曲　坂本真理子

© 2001 by Japan Broadcast Publishing Co., Ltd.

※この部分の伴奏は、メロディーを2オクターブ下のユニゾンで弾きます。

● はさんでパチパチ せんたくばさみ

〈演奏のPoint〉……沖縄音階

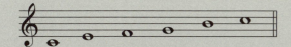

●伴奏例

ピアノの伴奏は、例に挙げたようにオスティナート（一定の音型）にすると、弾んだ動きが音楽に乗りやすくなります。

あそびかた

1 Ⓐは、親指とほかの4本の指で"せんたくばさみ"をつくり、リズムに乗って、いろいろな方向にパチパチとはさむように動かします。また、指の代わりに、"四つ竹"（下記参照）という沖縄の楽器を作り、左右の指にはめて鳴らしてみてもよいでしょう。

2 Ⓑは、"せんたくばさみ"がつながるように、近くにいる人の腰につかまって列をつくって歩きます。「つぎから　つぎへと」でだんだん列を長くしていきましょう。
*D.S.*後のⒶの「はさんでパチパチ」からは、先頭の人におもしろい動作をつけてもらい、後に続く人たちが動作をまねると、お祭りの踊りのようになり楽しいでしょう。

【四つ竹】の作り方

①竹を縦に4分の1に割って、8cmぐらいの長さに切る
↓
②やすりをかけて角をとる
↓
③中央に2つの小さい穴を開ける（ゴム穴）
↓
④竹の内側に絵の具で色を付けたり、絵を描いたりする
↓
⑤絵の具が乾いたら、ニスを塗る
↓
⑥指にはめるゴムを穴に通して、できあがり

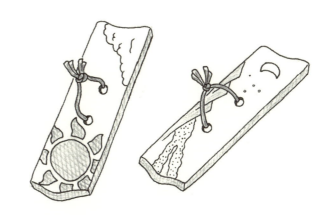

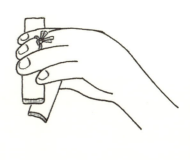

section 2 — 体を使ってあそぼう

なんでもぺったん

● "ハンコ"を押すように、手形や足形をつけるつもりで遊びます。歌詞にある「ぺったん」のところで手や足をリズムと一緒に動かしましょう。

作詞・作曲　坂本真理子

● なんでもぺったん

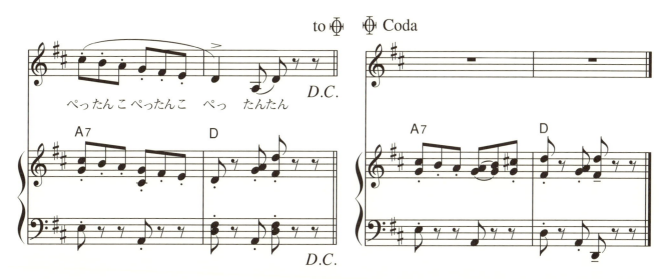

あそびかた

1. Ⓐ は、歌いながら、手や足を「ぺったん」（♪）に合わせて動かします。1番の歌詞では手を、2番の歌詞では足をつかいます。
   - 1番 "おすもうさん" ……腰を低く落として手を前方に「ぺったん　ぺったん」と押し出しながら、力強く歩きます。
   - 2番 "にんじゃ" …………忍び足で「ぺった　ぺった」と音をたてないように歩きます。

2. Ⓑ は、スイングしながら、踊るように動きます。
   1番の「ぺーったん」では、リズムに合わせて自分の周りに手でハンコを押しましょう。2番では、リズムに合わせて足で床や地面を元気よく踏みならします。

3. 最後の「ぺったんこ　ぺったんこ　ぺっ　たんたん」は、1番では両手で自分の体を軽くたたいて、リズムを感じましょう。2番では、リズムに合わせてステップします。最後の「たんたん」では、好きなポーズをとりましょう。

留意点　指導する対象者によって、動き方を変えてください。発達が気になる子どもの場合は、ひとりで動作を行うよりも他者と係わらせて刺激を受けるように動き方を考えるとよいでしょう。
例：①指導者と向き合って、指導者の動きを見ながら行う。
　　②子ども同士が「ぺたぺた」のところで相手の体をハンコを押すように
　　　ぺたぺたと軽くたたく。

33

section 2 やまのおくの またおくに

体を使ってあそぼう

ねらい

● "たぬき・りす・くま" という大きさの違う動物が登場します。それぞれの動物のイメージと速さや強弱を結びつけて動いたり、それぞれの大きさの穴をくぐったりして遊びます。

作詞・作曲　坂本真理子

© 2001 by Japan Broadcast Publishing Co., Ltd.

やまのおくの またおくに

あそびかた

1 指導者や子どものうち2人がトンネルのように手をつなぎ、交替で「ほら穴」をつくります。他の人たちは、動物になったつもりで穴をくぐり抜けましょう。
「たぬき」……中腰になって歩いてくぐります（中くらいの速さ）
「りす」………床に膝をつけて身をかがめ、すばやく通り抜けます（少し速く）
「くま」………立って、のっしのっしと大きい動作でくぐります（ゆったりした速さ）
※「ほら穴」は、それぞれの動物の大きさでくぐり抜けられるようにつくります。

2 前奏、間奏部分は、みんなでスキップをします。動きが単調にならないように間奏を入れて、子どもの気分を変えましょう。

section 3

道具を使ってあそぼう

section 3

道具を使ってあそぼう 〜 新聞紙 〜

しんぶんし ビリッ

（原題　しんぶんしびりびり）

ねらい

●子どもは新聞紙を破くのが大好きです。新聞紙を破く動作を通して、3拍子の歌に合わせ体を動かしてみましょう。

作詞・作曲　坂本真理子

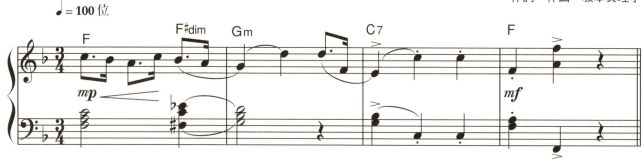

© 2001 by Japan Broadcast Publishing Co., Ltd.

● しんぶんし　ビリッ

あそびかた

ここでは導入、歌ともに実際の新聞紙は使いません。新聞紙を破く様子をイメージしながら行います。まず、歌に入る前に、新聞紙を破く動作を遊びを通して体験しておきましょう。

1 導入……新聞紙をちょっとずつ破くように、両手の指先をチョンチョンと軽くくっつけます。指導者が"ビリッ！"と言ったら、思いっきり新聞紙を破く動作をします（声かけのタイミングは例を参照）。ここでは、"ビリッ"の声かけの後に、あわてずに大きく破きましょう。

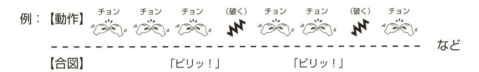

初めはランダムに「ビリッ！」の合図をかけて楽しく遊びましょう。徐々に規則的に行って、本編の歌へ移行しやすくします。

2 歌……「ビリッ」の歌詞のところ以外は、導入で行ったように、指先を3拍子に合わせて チョンチョンチョン（♩♩♩）と動かします。歌の中では、「ビリッ」のところで、勢いよく新聞紙を破く動作をします。破くときは、両手をいろいろな方向へ動かしましょう。
また、「ビリッ」のところでは破く動作のかわりに、全身を使っていろいろなポーズをしても楽しめます。

応用例：ボールを使える子どもならば、"ビリッ"のアクセントでボールをつく体験をしてみましょう。3拍子をよりはっきり感じて動けるようになります。

最後の4回連続するアクセント（"ビリッ"）はスリルがあって、子どもたちをわくわくさせます。
とくに4回目の"ビリッ"は、ボールを強くついてキャッチしたり、ぐるっと1回まわって取るなど、ゲーム感覚で行うと楽しいでしょう。

留意点 歌詞を覚えるまでは、"ビリッ"の前に「ハーイ」の合図をかけると動作がスムーズになります。また、最後の2小節は"ビリッ"が4回続きますが、前の小節の2、3拍目で"4回！"と合図をかけておくと、うまくできるでしょう。

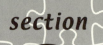

section 3

道具を使ってあそぼう ～新聞紙～

しんぶんしのロック

●ロックのリズムにのって、自由に踊りましょう。ストレスを吹き飛ばして、心と体をリラックス。

作詞・作曲　坂本真理子

© 2001 by Japan Broadcast Publishing Co., Ltd.

しんぶんしのロック

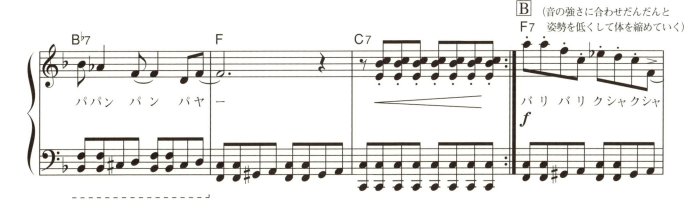

あそびかた

1. ロックのリズムにのって、体をひねったり腕を振ったりして自由に踊りましょう。「バリバリ」「クシャクシャ」「ビリッ」などの歌詞をイメージしながら踊るとよいでしょう。

2. Bでは、フレーズごとの音の強さ（ *f* → *mf* → *p* ）に合わせて姿勢を低くして体を縮めていき、*f* で腕を動かしながら、体をだんだんと元に戻します。エンディングでは、ロック歌手になったつもりでカッコよくジャンプして終わります。

　応用例①：2人で向き合って踊ります。一人が振りを付けたらもう一人がまねをして、まねっこ遊びのようにして踊ってみましょう。

　応用例②：いくつかのグループに分かれます。それぞれのグループにフレーズを割り当て、グループごとに振り付けを考えます。振り付けができたら、みんなで覚えて一緒に踊りましょう。

留意点「クシャクシャー」の加線のファは、子どもの声域ではありませんが、出ているつもりで歌います。息の声でもOKです。

41

section 3

道具を使ってあそぼう ～ 新聞紙 ～

グシャグシャ サンバ

ねらい

● 音楽の持つ緊張と弛緩を体験することは、子どもにとって大変重要なことです。音楽と動きを結びつけて体験します。
● 言葉のリズムや、遊びの中で体験したリズムをサンバのリズムにのせて楽しく踊ったり動いたりしましょう。

作詞・作曲　坂本真理子

グシャグシャ サンバ

あそびかた

音楽を始める前に、実際の新聞紙を破いたり、まるめたり、ちぎった新聞紙を投げっこしたりして、十分に遊んでおきます。実際に遊んだ印象をイメージしながら、新聞紙は使わずに動作を行います。

1. Aでは、サンバのリズムにのって、楽しく体を動かしましょう。「グシャグシャー」のところでは、新聞紙をまるめるように体の意識を内側へ集め、リズム譜の"サンバ"で腕や体を広げて、力を外へ発散させます。

2. Bの「しんぶんし」のところでは、新聞を広げて読んでいるように体をピーンと張りましょう（緊張）。「グシャグシャー」のところでは、新聞紙をまるめるように手でグシャグシャしながら体を縮めていきます（弛緩）。

3. Cでは、新聞紙をまるめる動作をだんだん大きく（クレッシェンド ＜ ）していきます。
「グシャラグシャグシャ」の後は、大きくなった球を雪合戦のように投げつけるまねをしながら遊びます。

Section 3 道具を使ってあそぼう ～布～

つつんでみよう

ねらい

- 大きな布のまわりをみんなで持って、広げたり縮めたりする動作を行い、強弱の体験をしましょう。
- 大きな布を上下に揺らしながら、布の下をくぐり抜けて遊びましょう。"揺らす人"も"くぐる人"も、お互いに呼吸を合わせたり、タイミングを取る経験になります。

作詞・作曲　坂本真理子

© 2001 by Japan Broadcast Publishing Co., Ltd.

● つつんでみよう

 あそびかた

洋服の裏地などの軽くて大きな白い布を広げ、みんなで布のまわりを持って立ちます。

1 Ⓐの「おおきなもの～なにつつもう」のところでは、上下に大きく揺らします。「ちいさなもの～なにつつもう」では、布を持ったまま中央に集まり、左右に小さく揺らします。
次に、「おおきなくもつつもうよ」(*f*) では、小走りで輪を大きくして布を広げ、大きな雲を作ります。「ちいさなたねをつつもう」(*p*) では、輪の中央に向かって2、3歩やさしく歩きながら、体を小さく縮めるようにして"小さな種"の気持ちになります。

2 Ⓐの最後の2小節「いっしょにつつんじゃおう」のところでは、布を"揺らす人"と"くぐる人"に分かれます。

3 Ⓑでは"揺らす人"は布を上下に揺らします。"くぐる人"は「イーチ！　ニーイ！サーン！！」の合図でタイミングを合わせ、布が上に上がったときに一方向に走ってくぐりぬけます。タイミングを合わせられるようにくぐる回数を決めておきましょう。

また、布の下を通り抜けずに布の下にすわり、ふわーっと布が上がる様子を風を受けながら見上げるのもおもしろい遊びです。

留意点 ⒶとⒷを続けて行う場合、前もって"揺らす人"と"くぐる人"、どの方向からくぐるかを決めておきましょう。みんながくぐり終えたら、次は来た方向へくぐって元の位置へ帰ります。また、揺らす側に指導者が入ると、流れがスムーズになります。

47

section 3

道具を使ってあそぼう 〜布〜

マントであ・そ・ぼ

●空飛ぶマントや王様のマントをつけた気持ちをイメージして、速さの違いを体験しましょう。

作詞・作曲 坂本真理子

※右手は2分音符か8分音符のどちらかを選んで弾く

© 2001 by Japan Broadcast Publishing Co., Ltd.

あそびかた

1. AとDでは、ファンファーレのつもりで吹く動作をしましょう。1～4小節まで「ド」「ミ」「ソ」「ド（上）」と音の高さに合わせて、トランペットを吹く動作で腕を上にあげていきましょう。

   また、ボディサインと組み合わせると、ソルフェージュとしても発展できます。
   　1小節目「そらとぶマント」…ド→両手で膝をたたく
   　2小節目「そらとぶマント」…ミ→両手で腰を押さえる
   　3小節目「つけたらそらを」…ソ→両手で肩をたたく
   　4小節目「とべるかな」………ド（上）→両手を上げて、頭の上で手をたたく

2. Bでは、空を飛ぶように走ります。
   CとFでは、腕や体を使って、かっこいいヒーローになったポーズや偉そうな王様のポーズをとりましょう。

3. Eでは、王様になったつもりで、堂々と大股で歩きましょう。

留意点 引きずらない程度の布をマントにして肩で結び、動いても楽しいでしょう。

section 3

道具を使ってあそぼう 〜 ポリ袋 〜

とばそう バルーン

- カラフルなポリ袋を使って大きな風船をつくり、風船を突いて遊びましょう。風船の上がる方向を目で追いかけたり、地面に落とさないように片手や両手ですくい上げたり、突き上げたりすることで目や体の協応性を高めていきます。
- フレーズ（句）ごとに、方向を変えて走ったり、動作を変えたりすることでフレーズ感を体験します。
- 風船を突く速さや強さを変えたり、体のいろいろなところで突くなど、ウォーミングアップをしてから音楽と合わせましょう。

作詞・作曲　坂本真理子

© 2001 by Japan Broadcast Publishing Co., Ltd.

とばそう バルーン

とばそう　バルーン

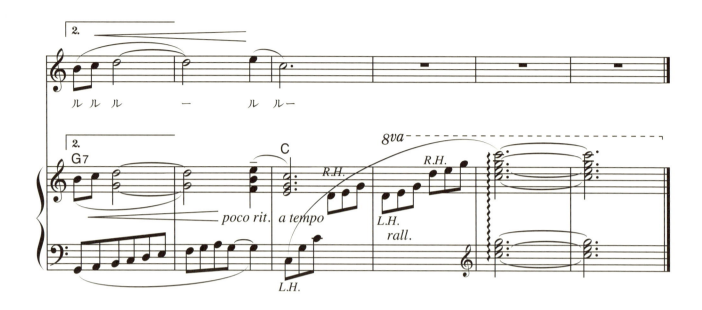

あそびかた

音楽と合わせる前に、実際の風船やポリ袋の風船を使ってたくさん遊びます。風船のふわりふわりと落ちてくる感覚に慣れておきましょう。

1. Aでは、風船突きをします。実際に風船を使っても、動作の模倣でもよいでしょう。2小節に1回ずつの感じで突いてみましょう。

2. Bでは、2人組になって両手をつなぎ、「バルーン」のところで回ります。

3. Cでは、最初の「ルルルルー」でお互いが分かれて好きなところへ走り、次の「ルルルー」では走る方向を変えます。

4. Dの1回目では、真ん中に集まります。指導者（リーダー）は手招きでみんなを集め、**3**の動作をくり返し行います。

5. Dの2回目では、真ん中に集まってみんなで手をつなぎ、大きい風船を空（上）へ飛ばす動作で終わります。

留意点　音楽に合わせて動作がリズミカルになれば、風船を落としたり、タイミングが多少ずれていてもよいでしょう。
　　　　　幼児と行う場合は、グループの中に指導者またはアシスタントが入ってタイミングを合わせていくと、動きがスムーズになります。

section 3

道具を使ってあそぼう 〜 ボール 〜

もしかボールが

ねらい

- ボールをゆっくり手わたすことと、ボールを持って輪の外側を走るという2つの速さの違う音楽を、リズミカルな動作で繰り返し体験していきましょう。
- ボールで遊びながら、自然にアウフタクト（弱起）の呼吸を身につけます。

作詞・作曲　坂本真理子

© 2001 by Japan Broadcast Publishing Co., Ltd.

もしかボールが

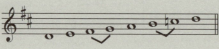

〈演奏の応用〉……即興演奏に挑戦！

Bの最後の部分では、低音部にオスティナート（音を変えないで行う伴奏形）、メロディーに教会旋法のミクソリディアを使って、即興演奏に挑戦してみましょう。

●ミクソリディア旋法（レから始める場合）

●オスティナート

※⌣印は半音の位置

あそびかた

ボールを用意して輪になってすわります。

1. Aでは、ボールをゆっくり手わたしで隣の人に回していきます。アウフタクト（弱起）のリズムで回しますが、初めは①のように、慣れてきたら②のようにわたし方を変えてみましょう。輪になる人数や子どもの様子を見て、やりやすいほうから行ってもかまいません。

   ①1小節の4拍目で回す　　②1小節の4拍目と2拍目で回す

   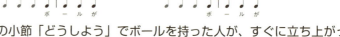

2. Bでは、Aの最後の小節「どうしよう」でボールを持った人が、すぐに立ち上がってボールを抱えたまま輪の周りを走ります。
   また、子どもの人数が多いときはBの最後を即興演奏にして、ボールリレーをしてみましょう。輪になっている人は、音楽に合わせて手をたたいて応援しましょう。

3. Bが終わったら、ボールを持って走っていた人も輪に戻ってすわり、1の動きに戻ります。「次にボールを持って走るのは誰かな？」と、ムードを高めてゲームを繰り返します。

Section 3 道具を使ってあそぼう 〜ロープ〜

ロープのでんしゃ

- ロープを使った電車ごっこです。子どもも大人も、障害を持っている子もいない子もみんなで楽しく遊ぶことができます。
- 元気よく電車ごっこをする音楽と、ロープのテントを揺らす静かな音楽の対照的な曲の違いを感じながら遊びましょう。

作詞・作曲　坂本真理子

© 2001 by Japan Broadcast Publishing Co., Ltd.

ロープのでんしゃ

ロープのでんしゃ

 あそびかた

実際にロープを使っても、またロープの代わりに手で腰や肩につかまり列になってもよいでしょう。

1 Aでは、先頭を決めて1列になって電車ごっこをします。
音楽の拍のリズムに合わせて、元気よく弾んで歩きましょう。

2 間奏の「えきー、お降り（お乗り）の方はお早く願いまーす！」のところでは、"動物園駅" "遊園地前" など、子どもの興味を引きそうな駅の名前を言って、先頭の人以外は、降りたり乗ったりします。
この部分は省略することもできます。その際はダルセーニョ（*D.S.*）せずに先に進めます。また、引き延ばすこともできるので、子どもの動きや気持ちに合わせて行いましょう。

3 Bは、「ロープがテントに早変わり」という設定で動作を行います（例を参照）。
ロープを持って（または手をつないで）輪を作り、静かな曲想に合わせてロープ（または両腕）をくねくねと波打つように動かします。

　例：①蜃気楼のような不思議なテントができあがります。テント（輪）の中に入った子どもは、寝たり、食べたりする動作をしたり、輪の外に出て買い物に行ったりと、自由にイメージしながら動きます。
　　　②「テントの中に入りたいひと！」と声かけをして、何人か中に入れます。

動作を行っている間は、音楽とテントの動きは続けます。

4 曲がAに戻ったら、ロープも電車に戻り、電車ごっこを再開します。

この曲は、子どもの興味に合わせて何回でも繰り返すことができます。
ロープを素材にしたいくつかの活動をつなげてストーリーを組み立て、想像的に進めていくのも、さらに楽しい発展となります。

留意点 ロープやひもは子どもの遊びにいろいろと利用できる素材です。ロープウェイや橋、山道、へびなど想像力をふくらませて遊んでみましょう。

演奏する際、指導者は子どもの集中力や体力に気を配りながら、音楽を組み立てていくことが重要ポイントです。特に、多動的な子どもや、発達の気になる子どもの場合、音楽を楽譜どおりに演奏するのではなく、AとB（緩急）をうまくつなげたり、適当なところで間奏（駅の部分）を入れたりして、子どもに合わせて進めていきましょう。

くらげのこもりうた

道具を使ってあそぼう 〜 スカーフ 〜

ねらい

●スカーフを手に持って遊びます。腕や体をやさしく揺らしたり動かしたりする体験をしましょう。

Ⓒ 作詞・作曲　坂本真理子

くらげのこもりうた

 あそびかた

スカーフを使って、1人または2人1組で行います。

〈1人で行う場合〉
スカーフの真ん中をつまんで、上下にふわーっ、ふわーっとくらげをイメージして動かします。フレーズの最後の「いいきもち」と「みましょう」ではスカーフを上に投げて落ちてくるところをキャッチするとおもしろいでしょう。

〈2人で行う場合〉
スカーフを広げて両端を各々が両手で持ち、揺りかごのようにやさしく左右に揺らします。
フレーズの終わりの「いいきもち」では、スカーフを持ったまま上にもふわーっと動かしてみましょう。
曲の最後の「ゆめをみましょう」では、2人で息を合わせてスカーフを上に投げます。順番を決めておき、どちらか1人は体の好きなところでスカーフをキャッチしましょう。

section 4

想像してあそぼう

section 4 想像してあそぼう

うみのそこ

- ●「海の底を探険しよう」という設定で動作を行います。簡単なストーリー性を持たせてイメージをふくらませてみましょう。
- ●ミステリアスな音楽の雰囲気と、静かなゆっくりとした動きを結びつけて、体の使い方や動き方を体験します。

作詞・作曲　坂本真理子

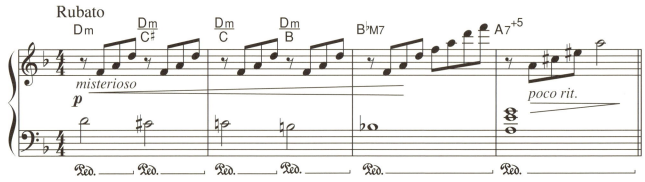

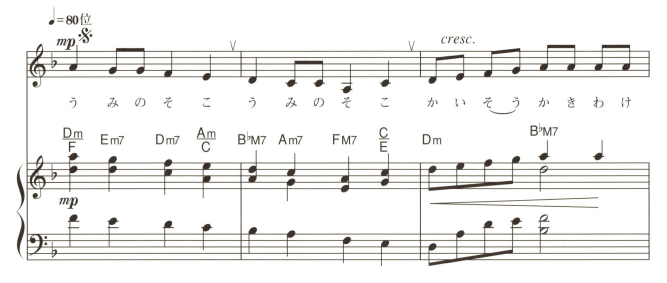

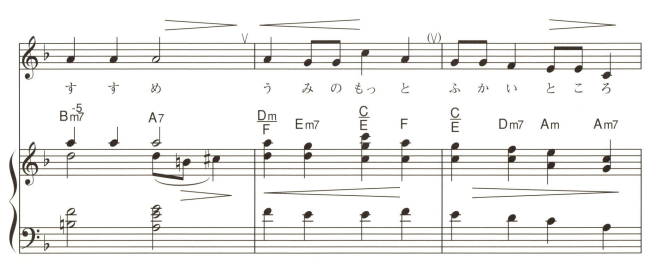

うみのそこ

ゆっくりあるいてすすめ

D.S.

※2回目は（ ）内の音をメロディーのレと一緒に演奏する

あそびかた

"海の底"をイメージして探険をします。音楽を始める前に、みんなで"海の底"について話し合ったりしてイメージをふくらませておきましょう。

1 手で海水や海藻をかき分けながら、ゆっくり海底を歩きます。海藻に足をとられないように、高く上げて歩いてみましょう。

『うみのそこ』をプロローグにして、次の『海賊』へと展開することにより、さらに雰囲気が出て盛り上がっていくでしょう。

65

section 4

想像してあそぼう

海　賊

ねらい

- 海賊を知らない子どもも、絵本の中にある海賊の絵を一枚見ただけでイメージがふくらみ、お話の中に自然にとけ込むことができるでしょう。
- 音楽はイメージをふくらませ、感性に直接働きかけます。『うみのそこ』から『海賊』への流れで、ストーリー性を持たせた表現活動を行ってみましょう。
- 船を漕ぐ動作を通して、2拍子の体験をします。

作詞・作曲　坂本真理子

© 2001 by Japan Broadcast Publishing Co., Ltd.

海 賊

海 賊

あそびかた

1 Aでは、2拍子のリズムで船を漕ぐ動作をしましょう。どっしりと強そうな海賊のイメージで動きます。

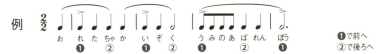

船を漕ぐときの櫂の操作は、実際には後方に引いたときに力を入れますが、ここでは力を入れる強拍のときに前方へ押す動作をします。漕ぎ方のリアルな表現よりも、リズムと筋肉の動きを協応させることが大切です。幼児や障害を持つ子どもには、より動きやすくなるでしょう。

2 Bでは、海賊が足を上げて踊る様子を表現します。強そうな海賊をイメージして、左右の足を交互に❶、❷のように動いてみましょう。

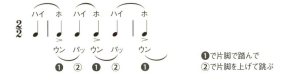

弱起のリズムですから、一度指導者が一緒に動いて動き方を子どもたちにのみ込ませてから行うと音楽と動きの結びつきの理解がスムーズになります。

3 応用……大太鼓やタンブリンなどの打楽器を使用して、動きの体験を音に置き換えて表現してみましょう。
〈Aの部分〉
●中央に大太鼓か胴長太鼓を置いてたたく人を決め、拍子の1拍目をたたきます。
●太鼓の周りにみんなでタンブリンを持って輪を作ります。タンブリンを両手で持ち、櫂の代わりにして前後に動かし2拍子で漕ぐ動作をします。

〈Bの部分〉
● ♩ ♪ ♩ のリズムをタンブリンでたたきましょう。

最後に大太鼓はA、Bを通して、タンブリンはBの部分から加わって、みんなで合奏しましょう。

留意点 表現活動へ発展させる場合、指導者は子どものどんなにつたない表現でも尊重し、自由な発想を導き出すことが大切です。表現することへの自信と、勇気を持ってその気持ちを表に出せるように手助けをしていきましょう。

にんじゃとかいぞく

section 4　想像してあそぼう

●忍者の忍び足、海賊の強そうな動き方をまねして、強弱の比較体験をしてみましょう。

作詞・作曲　坂本真理子

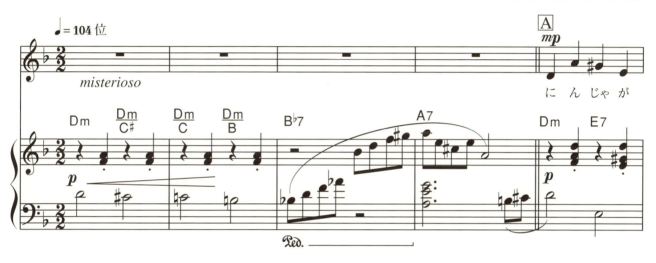

© 2001 by Japan Broadcast Publishing Co., Ltd.

にんじゃとかいぞく

にんじゃとかいぞく

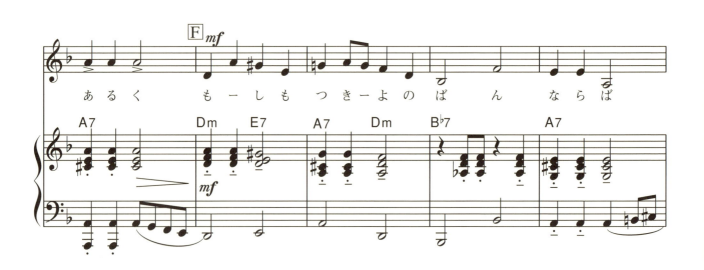

● にんじゃとかいぞく

あそびかた

1. Aでは、忍者になったつもりで音をたてないようにそーっと歩きます。小走りや、手裏剣なども動きの中にとり入れて、楽しく動いてみましょう。

2. Bでは、忍者が水の上を歩くように、静かに足を滑らせて歩きます。
2分音符のリズムに合わせて動くと、リズミカルな運動を促すことができます。

3. Cでは、Aの動きに戻ります。「にんじゃのへんしーん」のところで、おもしろい変身のポーズを考えてみましょう。

4. Dでは、海賊の登場です。力こぶを見せびらかしたり、力強く腕を組んだりして、いばって歩きましょう。「おおいばり」では、海賊のイメージで自由にポーズをとってみましょう。

5. Eでは、重たい荷物を肩に担いだ感じで、ドッスン、ドッスンと大股で歩きます。想像力を生かして重たい感じをイメージできれば、さらに表現力がアップされるでしょう。

6. Fでは、海賊たちは酒盛りの後、陽気になって船の上で踊り出します。大股でいばって歩いたり、足や腕を上げて「エイホッ、エイホッ」と、海賊の踊りを表現してみましょう。

最後の「かいぞくおどれ」では、乾杯の動作も似合いそうですね。

section 4　想像してあそぼう

ふしぎな箱

 ねらい

- アラビア音階を使った音楽です。アラビア風なイメージでいろいろなものになり、自由に表現して遊びましょう。
- 箱の中に入ったり出たりという動作で緊張感や解放感を感じ取り、感情にメリハリをつける表現遊びの自然な法則性を体得していきます。
- 不思議な箱から「何が出てくるかな？」という問いかけから始め、子どもの想像力を引き出して即興劇に発展させましょう。音楽がつけられると、なお素敵です。

作詞・作曲　坂本真理子

© 2001 by Japan Broadcast Publishing Co., Ltd.

ふしぎな箱

ふしぎな箱

あそびかた

1 Ⓐでは、「ふしぎなはこが」で手をつなぎ、輪になって歩きます。慣れてきたらフレーズごとに方向転換をしましょう。
「ふしぎなひとがやってきて」では輪のままで中心に向かって歩き、「ふしぎなはこをみつけたよ」では外に広がります。
「ふしぎなはこにはいったとさ」では、箱の中に入るようにゆっくりとすわります。

2 Ⓑでは、箱の中に入っているつもりで体を小さく屈めます（緊張感）。

3 Ⓒでは、箱のふたをゆっくりと開ける動作をしながら少しずつ立ち上がります（解放感）。

4 Ⓓでは、「何が出てきたかな？」と声かけし、子どもの想像力を引き出しましょう。
子どもからのリクエストがない場合は、指導者が不思議な箱から出てきたものを言ってみましょう。
　　例："へび"や"こうもり"などの不気味なもの
　　　　"らくだ"や"アラビアの王女さま"などのお話の世界のもの

間奏のところでは、箱の中から出てきたいろいろなものになって自由に表現しましょう。

また、イメージをふくらませて、即興でストーリーを作ってみると楽しいでしょう。

section 5

楽器であそぼう

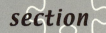

section 5 マラカス チャチャチャ

楽器であそぼう

●体のいろいろな部分を動かしたり、手をたたいたり、足で床を鳴らしたりしながら"チャチャチャ"のリズム（♩♩）に反応できるようにしていきます。
●チャチャチャのリズムに合わせて、実際にマラカスを演奏しましょう。

作詞・作曲　坂本真理子

© 2001 by Japan Broadcast Publishing Co., Ltd.

マラカス チャチャチャ

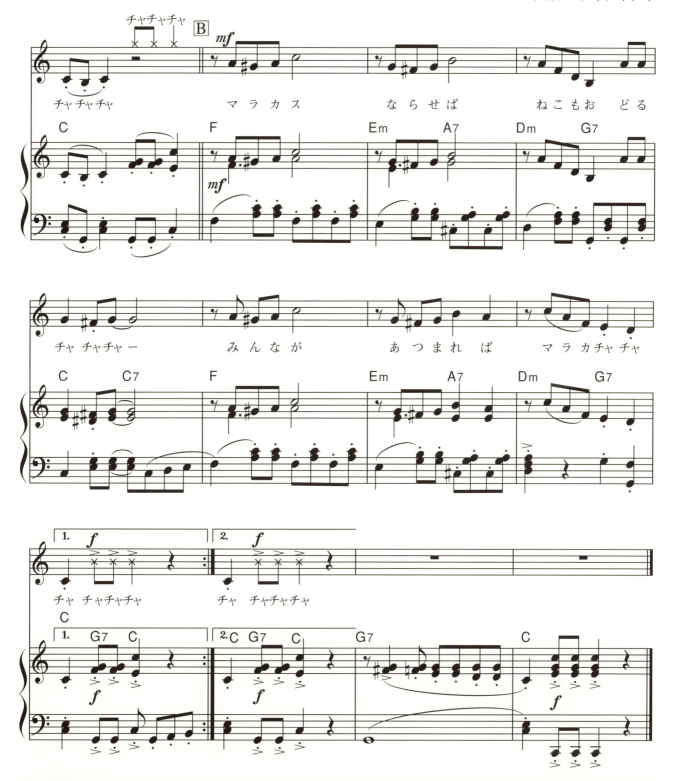

あそびかた

始める前にマラカスを用意します。ペットボトルや空き缶などを利用し、中におはじきや小豆などを入れて作ります。中に入れる材料を変えると違った音のするマラカスが作れます。

1. Aでは、「チャチャチャ」のところで、リズム（♫♩）に合わせて体のいろいろな部分をマラカスのように振って踊ります。リズムに慣れてきたら、「チャチャチャ」で手をたたいたり、足で床を踏みならしてみましょう。

2. Bでは、実際にマラカスを使って音を鳴らします。グループごとに違う音の出るマラカスを持って、1〜2小節ずつ交替に演奏すると楽しいでしょう。
最後の「マラカチャチャチャ」は、いったんみんな音を止めて、のところで全員で音を出しましょう。

section 5 楽器であそぼう

なんでもがっき
―ディピ・ディピ・ワトゥトゥ―

ねらい

- 自分の体や身のまわりのものをなんでも楽器にして遊びます。アフリカンビートにのって楽しく体を動かしましょう。
- たたく、振る、はじく、こする、吹くなど、いろいろな方法でアプローチして音の発見をしたり、音に興味を持てるように導入します。

作詞・作曲　坂本真理子

なんでもがっき

なんでもがっき

あそびかた

リズムにのって楽しく動ければ、どんな動きでもOKです。子どもたちが戸惑うようであれば、指導者が簡単な動きをつけて、リズムにのれるように導入します。

〈動き方の例〉

1　Ａの「さがしてみよう」では、(1) 両腕を頭の上で輪にして揺らします。「おとのするもの」のところでは、(2) 両手を上げて耳の横でひらひらと速く動かします。

2　Ａの「ならしてみよう～いろんなーおと」では、自分の体のいろいろな部分を自由にたたいて音を出します。

3　Ｂの「ヤヤヤ　ヤヤヤ」では、(3) 腰に手を当てて、はずんで歩きます。「ディピ　ディピ　ワトゥトゥ」のところでは、(4) おまじないをかけるように両手の指を耳の横でひらひら動かします。"にらめっこ"のように顔を近づけて「ワトゥトゥ」とすると楽しいでしょう。

4　「2.——」は自由に延ばし、音を出す動作（たたく、振る、はじく、こする、吹くなど）を取り入れて自由に動きます。音をまねして声を出してみましょう。
　　例：カンカン、シュクシュシャー、ビョ～ン、ギーギー、プップカプー　など

大げさな動きのほうがおもしろいので、慣れるまでは指導者が行った動きを子どもたちにまねさせます。「○○ちゃんの動き、おもしろいね。まねしてみよう！」と声かけをして、模倣動作で遊んでみましょう。

5　3の動作を繰り返します。

留意点　「ディピ　ディピ　ワトゥトゥ」は著者の造語で、とくに意味はありません。

子どもが覚えにくいような場合は、「ディピ　ディピ　ワトゥトゥ」のフレーズを演奏しながら、「何かいいことが起きる"おまじない"だよ。いっしょに言ってみよう！」などと声かけをして、言葉遊びを楽しんでから始めるとよいでしょう。
また、子どもはおまじない言葉を作るのが大好きです。一緒に作って替え歌にしてもおもしろいでしょう。
　例：「ヤヤヤ　ヤヤヤ　トンガトンガ　ウッホホ」　など

Section 5

楽器であそぼう

たたいて あそぼう

- 子どもは、たたいて音を出す遊びが大好きです。たたくものによって変わる音色の違いや、たたく動作そのものが好奇心を刺激して子どもを活発にさせます。
- 太鼓をたたく動作で、安定した"拍"の体験をします。

作詞・作曲 坂本真理子

© 2001 by Japan Broadcast Publishing Co., Ltd.

たたいて あそぼう

あそびかた

ここでは太鼓などは使わずに、体を楽器にしてボディパーカッションにしたり身のまわりにあるものをたたきます。

1. Aの「たいこをたたこう」、「なんでもたいこ」のところは、自分の前に太鼓があるつもりでいろいろなところをたたく動作をします。
   高さを変えたり、足を開いて手を遠くへ伸ばしてたたく動作をしてみましょう。

2. Bでは、歌詞に反応して、体のいろいろな部分や身のまわりにあるものを太鼓のようにたたきます。
   例：〈体の部位編〉……ひざ、おなか、ほっぺ、おしり　など
   　　〈身のまわりのもの編〉……いす、つくえ、バケツ、あきかん　など

   慣れてきたら、替え歌にしてたたくところをいろいろと変えたり、たたくリズムや強さを変えてみると、子どもの表現活動が広がります。

section 5　楽器であそぼう

かねをならそう
——リングベル——

 ねらい

- 静かな音に耳を傾ける体験をします。静かに体を揺らしながら歌います。
- ハンドベルを使える子どもたちは、合奏を体験してみましょう。

Ⓒ 作詞・作曲　坂本真理子

1. リング ベル リング ベル　かねを ならそう
2. リング ベル リング ベル　かねと うたおう

リング ベル リング ベル　やさしい おとで　リング ベル リング ベル　かねの おとが
リング ベル リング ベル　やさしい こえで　リング ベル リング ベル　みんなの うたが

● かねをならそう

※☆印は、〈応用例〉ハンドベル合奏を参照。

あそびかた

簡単な動作をつけて、仲間と一緒に動いてみましょう。体の力を抜くことがポイントです。

1 「リングベル　リングベル」のところでは、2人で向かい合い手をつないで揺れます。
「かねをならそう」のところでは、お互いの手を合わせ、やさしくたたきます。
次の「リングベル〜やさしいおとで」と「リングベル〜かねのおとが」のところも、同様に繰り返します。

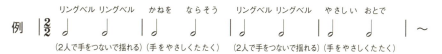

2 最後の「リングベル〜こころにひびけ」では、揺れたあとに両手をつないで2人で回ります。

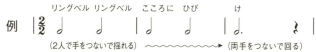

また、間奏（後奏）の2小節で別の友達と2人組になることもできます。

3 応用……ハンドベルを使って合奏もできます。子どもの発達に合わせて音を省略して演奏してもよいでしょう。

【使用するハンドベルの音】

省略例：　●和音上の上2音だけを演奏する
　　　　　●☆のところだけを演奏する

留意点　ハンドベルの演奏技術は、幼児や障害を持つ子どもたちには要求しません。音に耳を傾けることが重要で、鳴らしているうちに手首が使えるようになるのが理想的です。ただし、手の甲は上に向けて鳴らしましょう。

あ・と・が・き

この度、幸いにも本書の再版の機会を頂くことになりました。株式会社スタイルノートの池田茂樹様に心から感謝申し上げます。

また、初版制作、発行から現在まで、本書を育ててくださった、元オブラパブリケーション、三上さん、冨塚さんに改めてお礼申し上げます。

そして最後に、恩師である、国立音楽大学名誉教授、故、江崎 正剛先生に人生における音楽の価値をご教授頂き、指導者として育てていただいたことは私の誇りです。先生に心より感謝申し上げます。

2018年11月

坂本真理子

こんにちは！リトミック

発行日　2018年11月21日　第1刷発行（スタイルノート版）
　　　　2003年8月12日　初版発行（オブラ・パブリケーション版）

著　者　坂本真理子（さかもとまりこ）
発行人　池田茂樹
発行所　株式会社スタイルノート
　　　　〒185-0021
　　　　東京都国分寺市南町 2-17-9 ARTビル 5F
　　　　電話 042-329-9288
　　　　E-Mail books@stylenote.co.jp
　　　　URL https://www.stylenote.co.jp/

イラスト　PeeKABoo（表紙）／溝田真元（本文）
印　刷　シナノ印刷株式会社
製　本　シナノ印刷株式会社

日本音楽著作権協会（出）許諾第 1812157-801 号
© 2003 Mariko Sakamoto　Printed in Japan
ISBN978-4-7998-0077-5　C3073

定価はカバーに記載しています。
乱丁・落丁の場合はお取り替えいたします。当社までご連絡ください。
本書の内容に関する電話でのお問い合わせには一切お答えできません。メールあるいは郵便でお問い合わせください。なお、返信等を致しかねる場合もありますのであらかじめご承知置きください。
本書は著作権上の保護を受けており、本書の全部または一部のコピー、スキャン、デジタル化等の無断複製や二次使用は著作権法上での例外を除き禁じられています。また、購入者以外の代行業者等、第三者による本書のスキャンやデジタル化は、たとえ個人や家庭内での利用であっても著作権法上認められておりません。